L'Avenir est passé
1

L'Avenir est passé
2

L'Avenir est passé

Poème

L'Avenir est passé

Poème

Se penchant sur l'abysse céleste, un Lion
Remire entre les eaux sa constellation.
Des profondeurs de l'inconscient, l'origine,
Finitude infinie s'accroissant, s'imagine.
L'individuation de chaque unicité
Se réalise en l'universelle entité.
Par les détours douloureux de la connaissance,
La permanence s'épand à chaque naissance
Où le présent se recompose en l'avenir.
Le passé se nourrit d'un futur souvenir.
Le Chaos rassemblé dans l'Univers respire,
Insufflant l'esprit à chaque âme qu'il inspire.
Et chaque goutte d'eau reflète sa voisine
Sur la toile géométrique où s'illumine
Un réseau de couleurs aux sonores métaux
Ainsi qu'en une rosace au nord étoilée.
Les pensées se coagulent des animaux,
Spirituels échos de cercles concentriques
Amplifiés de réincarnations génétiques.
Le rocher moussu rêve une plante animée
Du fond des océans miroitant cette Archée.
Mais l'arche psychique ouvre son cube de cèdre
Tel du réel éclosant le dodécaèdre,
Combinaison d'une rose au creux cruciforme
Où mue le serpent songeur avant qu'il ne dorme.
Se débattant, écorché, parmi ses douleurs,

Coupe renversée, le cœur se retourne en pique.
Le Dragon transmué de l'œuf philosophique,
Tiers de la conscience, a surgi des profondeurs.
Plongeant dans l'abîme terre, le déchu
Saisit le feu du savoir, de son bras tendu.
Et la géométrie éclaire les ténèbres,
Répercutant la lumière en cette rosée
Où sombre en abyme l'œuvre de l'araignée,
Par un enchaînement de successions funèbres.
Mais le souffle ardent, prisonnier de la matière,
Se débat comme une hydre astrale en septénaire.
Le génie vengeur s'enferme en sa lampe d'or
Telle une momie rêvant par-delà sa mort
Le voyage onirique d'une autre naissance.
Se mord la queue le python de la connaissance.
La Pythie, enivrée des lauriers de la gloire,
Parle sagement des mille aspects de l'Histoire
Comme en un jeu de glaces où tout se confond.
Seul un détail fait basculer, colimaçon,
De l'unique en soi la fatale expansion.
Le félin se regarde en l'onde reflétée ;
L'illusion de l'infini l'autre a créée.
Le Cosmos bat, cœur d'un Démiurge omniscient
Comme un ouroboros sans fin s'élargissant
Vers l'intérieur où se pénètre son regard
En son sein, lune d'argent, croissant sur le tard.
Songe réminiscent de Caraïbes vertes,
Le pauvre chevalier se voit en pirate.
Vivre dans le rêve en accumulant ses pertes,
Extériorisant l'hypostase du primate.
Ironise, muet, le sourire des crânes
Hurlant comme un carnyx la sagesse des ânes.
Par un fond de cale en passage souterrain,
L'initié rencontre un invisible parrain.

L'Avenir est passé

Mais de sa main, le miroir infime et fractal
En porte d'airain le téléporte, soudain,
Osiris emporté qui tout à coup s'éveille
En un corps étranger à la lueur vermeille
Comme un souverain infirme gardien du Graal.
L'astre des deux Seth se décapite par sept.
Tête de mort, du pavillon de Baphomet
Flotte de l'Œuvre au noir le crâne en papillon.
Le sphinx silencieux s'envole dans la nuit.
Paniquée par sa structure architecturale,
En abyme s'inversant en rose fractale,
L'Atlante du labyrinthe enfoui s'enfuit.
Le petit myosotis au cœur du dédale
Scintille en une infime lueur idéale.
L'amour envolé d'une petite fée pâle
Volette telle une âme gracile égarée.
L'esprit hagard erre, angoisse désespérée,
Et s'étrangle, de ses pleurs jamais étouffée.
Dans l'obscur, se réveille encor le cauchemar,
A nouveau plus affreux, prophétique et blafard.
De sa crinière, un soleil recrache le feu
Ainsi que le souffle ardent d'un idéal bleu,
Colère du Dragon rougeoyant d'impatience
Face à l'immensité sans fin de la sapience.
Mais l'aura s'inversant s'embrase d'indigo,
Nimbe unifiant en abyme son égo.
La rose se souvient de son vert pistil
Où l'ophidien se dresse au calice viril
Quand retombe au creux sa fontaine de jouvence.
De Longin saigne au dos de son Siegfried la lance.
Achille est tatoué ainsi qu'un bœuf Apis
Dont la pupille couvre l'insondable iris,
Passage ignoré dont s'ouvre la voie royale.
Le serpent tire sa langue en lame martiale.

L'Avenir est passé

Vénus descend au fond du val, tertre utérin.
Un orbe, de l'œil, semble saluer au coin.
Mais les loups viennent au rêveur solitaire
Quand près de la caverne enchevêtrée de lierre
S'ouvrant du bleu profond d'un souterrain mystère
Il revient errer dans la forêt vivante
Qu'assèche à l'orée une maison malveillante.
Tels les cinq pétales de la rose sauvage
D'un buisson hermaphrodite apaisant leur rage,
Se retourne au matin l'étoile flamboyante.
Cri haut s'abaissant, s'émeut l'esprit bienveillant,
Griot, créature à sa mort compatissant.
Alors, pince ironique exsangue sous sa dent,
Grince en herse inversée, tel un portail ardent,
La triple note d'Hermès Strophaïos sifflant
Ainsi que les gnomes des Vosges au versant,
Appels ancestraux du col de la Schlucht perçant,
Qu'un berger indiscret parmi la brume entend.
Le démon sumérien comme un marchand de sable
Se forme dans le vent sur une dune instable.
D'un couloir à la dérobée crissent les gonds,
Semblant un clin d'œil discret des mondes profonds.
Le Porteur de Lumière plonge dans l'azur
Tel un sacrifié, trois jours, dans l'abîme obscur.
Les rêves de l'enfant lui montrent les symboles
De figures, de monstres, des géométries
Arachnéennes que d'anciennes paraboles
Dans les gravures et les grimoires de vies
Nouvelles animées, font soudain se mouvoir,
Qui vont et viennent souvent dans le miroir.
Des phénomènes humains l'écho symbolique
S'unit comme un réseau, craquelure électrique
Dont coagule en son cœur le Graal alchimique
Et se reconstitue la Table d'Emeraude.

L'Avenir est passé

Mouvement perpétuel d'une coupe chaude
Où se dresse le feu d'un Dāleth lumineux,
La porte s'ouvre, intérieure au fond des yeux.
La féerie de la sylve s'est éveillée,
Parmi des murmures secrets illuminée.
En la forêt profonde, veillent dans la nuit
Des fleurs inconnues tintant dont des couleurs luit
L'étrange mélodie sur l'odeur de la mousse
Où s'étend, blancheur d'un corps nu, la lune rousse.
L'Astre d'Astarté s'encastre, étoile inversée
Dans con cœur pentagonal, terre visitée
Trois jours par une initiation élémentaire
Où le soleil renaît dans la Vierge, sa mère.
Conscience de l'esprit d'une hutte à Nippur
Dont tourne la serrure avec sa clef d'ivoire,
Le portail du Delta reflète son œil pur.
Ricane, seul dans son coin, le bouffon de foire.
Le temple souterrain flambe comme un moudhif
Aux souffles, esprits, tempétueux de l'Azif.
Mais un Déluge s'abat dessus cet esquif
Naufragé, libérant ses hardes animales
En hordes d'âmes sombres, se ruant, bestiales.
Solitaire, veille en secret le valet noir.
La nature se transforme comme en mimoir,
Et chaque nez à nez s'imite en chaque plan,
Les faces cachées des ses glaces feuilletant.
Le grimoire du destin sous le Sphinx sommeille,
Temple astronomique d'un orphelin de Tyr,
Tel d'Horus éborgné au fond du puits Mimir
Le globe oculaire dans le noir, qui s'éveille.
La lumière du soleil rase, aube vermeille.
Comme en sa chèvre céleste, soir et matin,
L'étoile du berger, de son tracé, revient.
Pèlerinage de son parcours souterrain,

L'Avenir est passé

Renaît l'astre sanglant au travers de sa main.
Les âmes successives, en poupée gigogne,
Muent, sarcophages imbriqués où il se cogne.
Redevenu dragon, le serpent primitif,
Réincarne son origine revenant.
L'égrégore s'élance d'un lien affectif
Entre les monuments, d'un souvenir plaintif.
Les constellations, reflétées dans la pierre,
Résonnent sans fin jusqu'au centre de la Terre.
L'œil enfermé dans un Delta flamboyant
Passe la porte de l'esprit, songe conscient.
Et l'âme se morfond dans sa métamorphose,
Chrysalide de la vie comme une nymphose
Dont, catafalques encastrés, l'étreinte implose
Ainsi qu'une aura éclosant telle une rose.
Et le sphinx éclatant jamais ne se repose,
Dans l'insatiable pardon de sa psychose.
Le cri résonne, en soi, de sa métempsycose
Environnée d'amour des bonnes entités,
Attiré par la lueur d'amis rencontrés.
D'un songe tendre nostalgie prostituée,
La Prêtresse a quitté le souvenir naissant
Quand l'âme endormie se réincarne, transmuée,
Au point de l'astre traçant sa rose de sang.
Le sauvage abreuvé tel un Faune dompté
Reste au pâturage, fauve civilisé
Par les charmes sédentarisé, d'Astarté
En son temple souterrain, ciel étoilé.
Des profondeurs, revient le Maître sacrifié,
Après trois temps ainsi qu'un serpent crucifié.
Voyant l'avenir, nostalgie anticipée,
Une larme monte aux yeux, déjà perlée.
Prêt pour la lumière, se fond en un tunnel
Le droit essor, comme un faucon spirituel

Face au soleil profond dont la lueur s'éclipse.
Pégase frappe les éclairs d'un ciel de gypse.
Mais le sabot du cheval, ainsi qu'un calice,
Recueille le rayon qui perce, du solstice.
Par cette forme circule vers la clarté
Chaque semblable en son individualité.
Vénus porte le matin de la Connaissance.
Tel un paon se déployant de la sénéfiance
D'innombrables iris sur les couleurs du Monde,
L'esprit désincarné des sciences vagabonde.
Dans l'œil de chacun, la conscience universelle
Promène alentour un regard tentaculaire
Dont s'accroît l'antenne effilée qui se remmêle
Vers l'introspection de son cœur séculaire.
Géométrie parfaite en le Chaos, fractale,
Tout se nourrit de sa mémoire cellulaire,
Par le nombre croissant de la vie cannibale,
Dans le souffle de l'Univers, union nuptiale.
Passant, rencontre l'antique ami sumérien,
L'affinité comme un souvenir indistinct ;
Peut-être un autre, l'ancien amour ou son chien ;
Chevaliers ennemis réconciliés soudain,
Qui se bousculent dans la rue ou dans le train.
Le gardien des tombeaux veille sur le passage,
Tenant juste en respect de ses meutes l'outrage.
Mais dans la brume ou dans la tempête de sable,
L'humain fait face à son double, réel instable.
La sensibilité affleurant au sensible
Par ses intuitions effleure l'invisible.
Dépression printanière verdoyant
Où la langue des oiseaux assemble son chant
De mille fleurs écloses aux mille couleurs,
L'adolescence se morfond, bordée de nuit.
La Vierge, dans le ciel bleu de ténèbres, luit.

L'Avenir est passé

L'introspection d'une conscience étrangère
S'ignore dans l'Univers, au-delà des âges,
Comme une superposition de rouages
En une machine antique d'Anticythère.
Les magnétismes d'inconscients trop différents,
Tous, en mécanisme, s'influencent, omniscients.
Les femmes dans le bassin, figures gothiques,
Du Manuscrit de Voynich, comme greffées,
Grimoire aztèque aux structures enluminées
Des encres de fleurs inconnues sur une autre île,
Semblent des nymphes du songe de Poliphile
Ou les vierges azurées de noces chymiques.
Pleine lune après l'équinoxe, le lièvre
Ressort de son terrier, soleil renaissant.
Du jeune Printemps mélancolique, la fièvre
Monte dans la végétation comme un sang.
De Luminet, lumineux, s'inverse la rose,
Sphère en Univers dodécaédrique éclose.
Griffures des sureaux, en ce petit chemin,
Soir à demi-teinte où la lumière s'éteint,
Dans le froid nouveau, le chien noir aboie soudain.
Je marche dans la rue ; se tait le réverbère.
Le rayon se répercute en son planisphère.
Quatre lions ailés crachent les sources de feu,
La Reine de la ruche bat de son œil bleu.
En réel, d'une curieuse coïncidence
La multiplicité des signes se condense,
Mémoire de réincarnations génétiques
Dans l'inconscient des profondeurs symboliques.
Les constellations minérales dans la terre
Agrègent les populations du planisphère.
Le sombre Roi de coupe, Empereur de Thulé,
Renverse son cœur, en pique fleurdelisé.
Le continent cristallin fond sous le ciel,

Fugitive Atlantide au soleil du dégel.
D'un souterrain qui s'enfonce sous les jardins
Par la colline à pic encombrée de décombres
S'imagine en l'obscurité, parmi les ombres,
Qui s'épaissit, un monde parallèle, airains
Se fondant de ténèbres en vastes cités
Illuminées soudain de radieuses clartés.
Cascades gemmées, songent des temps oubliés,
Au-delà de sinistres couloirs oniriques.
De ronces fissurée, la porte en ruine croule,
Telle l'entrée d'un tertre enfoui qui s'éboule
Sous les racines d'anciennes forêts druidiques
De Vogesus ou des contrées alémaniques.
En les tréfonds de sanctuaires telluriques,
De spirales comme en volutes de fumée
Dans les roches immémoriales incrustée,
S'entrelace le seuil des visions chamaniques.
Le petit démon noir, derrière un groseillier,
Me suit de son regard tel, à me surveiller,
Un tableau de la Renaissance au regard lisse
Superposé de résines, dans l'interstice.
Elle était revenue, encor tout engourdie,
Fébrile, enflée d'hématomes tel un zombie,
Comme si sa mémoire avait coagulé,
Après cette longue absence, dans son cerveau,
Passée juste quelques nuits dans son caveau.
Le papillon s'était enfui, de la psyché.
La corpulence décharnée s'équilibrait,
Donc des ongles et des cheveux se détachait
L'illusion de croissance, agonie vampirique.
L'esprit errant se nourrit, œil épileptique,
Des terreurs nocturnes dont le souffle se coupe.
Je déteste cette prémonition. En poupe,
Se dessèche l'amour, et l'oubli se consume

L'Avenir est passé

Ainsi que la chair d'hostie d'un Phœnix qui fume.
Le bâton de Jacob embrasse la distance
D'astres lointains comme une croix, pierre cubique
Déployant ses métaux, où se plante la lance
Longue à l'angle de son cœur lunaire perçant.
De la houlette et la crosse pharaonique
Se mesurent les cycles d'un reflet croissant.
Le loup d'argent mange les six petites chèvres.
La dernière, toujours, fuit le disque des lèvres,
Comme d'une galette croquée par la bête.
Seule luit à l'écart de ses sœurs, Taygète.
Vénus dans sa Maison caverneuse protège,
Sous la voûte constellée, pelage de neige,
La fugitive. Au loin, le berger, de sa crosse
De sourcier, compte, comme un solstice en Ecosse,
Le cycle de la lune, en quête de l'étoile
Flamboyante d'un conte, lorsque se dévoile
Aphrodite Epitragia, symbole caprin
Encastré dans sa géométrie retournée.
Resplendit sous le soleil, le serpent d'airain,
Triomphant de l'antique sagesse oubliée.
La nuit, dans les forêts, se réfugie le Faune ;
Au-delà, tremble la folie d'un dieu jaune.
Sur un vitrail de Notre-Dame, en la rosace,
S'agenouille devant, un pauvre chevalier.
Bienvenue à lui, car la tête a parlé !
De Vénus ensoleillée, la rose se trace.
De son sommeil, s'éveille un guerrier dormant,
Sous la pierre occulte où sa barbe s'enlace,
Tel dans les lieux d'un culte solaire en Alsace,
Ou bien momifié dans un marais normand.
Delta pointé vers le bas, du vieillard la face
Gire comme une porte éclose aux sept métaux
Dont les crans tournent de leurs symboles astraux.

L'Avenir est passé

L'âme et l'esprit se pétrifient dans la matière,
Incarnation reflétée de la lumière.
L'astrolabe géant des Quatre Gardiens
S'ajuste aux pyramides par le cœur du Sphinx.
Le Grand Pan du Cosmos assourdit de syrinx
Tous les êtres vivants, connectés par des liens
Psychiques comme en une toile d'araignée
Où toutes mirent chaque goutte de rosée.
Suivant les allégories des quotidiens,
Le sceptique chemine au cœur de son détour,
Quête réalisée d'un impossible amour.
Impassible, le Sphinx, à son énigme d'or,
Introspective connaissance, rêve encore.
Mimétisme où se déploie la spirale, aurore
Où s'inscrit la rose en la parfaite figure
A sa juste place dans l'œuf de l'athanor.
Tout n'est que par imitation dans la nature.
Le Delta s'ouvre comme une porte de flamme
Où se regarde au trépas l'esprit de son âme.
Le sauvage sumérien rentre en le moudhif
Où l'attendent le pain, la bière et la femme
Or que Banebdjedeth se contemple, pensif
Dans le miroir du Nil, trouble et lisse membrane,
Sur son île solitaire ainsi qu'un Faune-âne.
A la triple croisée du sentier, sur le seuil,
Le pauvre chevalier passe du côté gauche,
Bâtissant en soi-même un temple en trompe-l'œil.
Hermès, allié de Saturne, au jour neuf fauche.
Au Nadir, s'engouffre la conscience enflammée
Comme par l'iris, miroir convexe absorbée.
Derrière la cataracte où l'autre se mire,
La bibliothèque du destin s'imagine.
L'Univers, tel un symbole brisé, respire,
Où l'individu son unicité devine.

L'Avenir est passé

Le sel qui fait tenir la terre intérieure
Est la contradiction, en attendant son heure.
Comme des vivants égarés, privés de corps,
Les esprits agissent par télékinésie.
Tunnels successifs, portes du Livre des Morts,
L'utérine âme renaît, palingénésie.
A l'exact endroit, le germe philosophal
Jaunit comme un soleil dans le temple ovoïde
Pareil à la chambre d'or de la pyramide
En la géométrie de son art royal.
L'embryon se déploie, caressé par la courbe
Où s'enroule la spire à l'extrême raison,
Ainsi qu'à la moyenne, en juste proportion.
L'imperfection à jamais ne s'est fuite, fourbe.
Mais l'athanor arde, foyer rougeoyant,
Comme une niche où naît la vie s'accélérant.
S'enlace, axe volatile, un double serpent
Quand Hermès Trois Fois Grand sépare la discorde.
Le sage pythagoricien joue sur sa corde,
Universelle harmonie des voies opposées.
Alors, se refondent les chairs décomposées.
Le pied du druide frappe les conjonctions
De Vénus, Ishtar sumérienne à l'aurore
De l'Egypte ancienne, éclaté jusqu'au Bosphore,
Symbole d'argile en abyme des tréfonds
De tertres où l'humain corps fait ses galeries.
Le temple souterrain, de ses ombres luies,
Reconstruit d'anthropoïdes géométries
Comme un singe inspirant le scribe d'autre espèce.
Sur un crâne à moitié rasé, se noue la tresse.
Et, telle une araignée, il pénètre en son centre,
Semblant la deltoïde porte où l'esprit rentre.
L'ogive flamboyante arde comme un moudhif,
Reflétée sur les eaux, déluge primitif.

L'Avenir est passé

Seuil triangulaire où la conscience se mire,
L'œil contemple son être, univers qui respire.
Pschent dolichocéphale au temps prédynastique,
Le dédale sumérien, alphabétique,
Ouvre, imaginée, son insondable logique
Semblant le mythe imagé d'un tarot cyclique.
Seul revient, croisée d'alpha, le valet statique,
Quand le sang versé sombre, piquant en triptyque,
Et de ses battants s'ouvre l'aile concentrique,
Tel d'un ange globuleux l'orbe énigmatique.
Du calice cordial, remonte le feu noir ;
Larme obscure suspendue, le cœur en miroir.
Mais la boucle s'accroît, esprit universel,
Comme un souffle cristallisant, séchant son sel,
Les serpents trois fois entrelacés de la terre.
A chaque cycle astronomique revient l'ère
Où se manifeste, renaissant, chaque Eon.
Au sommet de la pyramide inachevée,
Le troisième-œil s'ouvre en le centre du fronton,
Perçant au front de la conscience illuminée
Comme une crinière d'éclairs échevelée.
La paupière est fermée, mais les larmes coulent
Semblant des gouttelettes de cire qui roulent.
L'âme, ainsi qu'un faucon au regard latéral,
Rentre dans la lumière sans être ébloui.
Le soleil, tel un Oudjat éclatant, luit
Sur la face irradiée de son envol frontal.
Iris, aux ailes mêlant toutes les couleurs,
Purifie, comme en la parfumant de ses pleurs,
Vaporisés d'un arc-en-ciel iridescent,
La renaissance d'Enfers profonds revenant,
Ainsi que la roue constellée d'yeux d'un paon.
Nimbée de lumière, la déesse embaumée
De la terre et du ciel porte le caducée,

Message universel d'un hymen hermétique
Qu'enlace, astre, Mercure, une hydre sulfurique.
Tintent les teintes métallisées des planètes,
Symphonie de correspondances infinies
Jusqu'en le cœur microcosmique des gamètes,
Réinventant les chaotiques harmonies.
L'âme comme un petit dragon de fumée sort
De la bouche. Ou, calice évaporé de Jean,
Du ménisque troublé, en spire s'élevant.
L'haleine embrumée se glace d'un soupir mort.
Au solstice, les sacrifiés sautent le feu,
Comme en la caverne d'un temple mithriaque
Par-dessus l'urne enflammée. Souvenir futur,
Le scribe copie, inspiré tel un macaque,
Ce que lui souffle en mimétisme l'esprit pur.
Le brasier nocturne arde en astre au milieu
De la ronde enivrée. La fête se déchaîne,
Et l'union se brise à nouveau pour initier
Par le trépas le squelette déshabillé.
Le veau d'or mange sa chair, béante bedaine
Ouverte comme un athanor d'ardeur troublé.
L'errant ayant traversé la nuit de l'azur,
Pénètre en le naos rouge ainsi qu'une forge,
Saint des saints noir dont s'ouvre du débir la gorge.
Aux racines des chênes couvertes de lierre,
A l'entrée d'un tertre s'enfonçant dans la terre,
Une pyramide à trois faces le protège,
Mastaba druidique enfoui sous la neige,
D'une autre sépulture s'ouvre un temple ancien
Où l'intrus s'abîme en des spirales sans fin
Qui résonnent encor en ses parois de pierre
Comme un chant chamanique à l'éternel déclin
Qui vibre, magnétique, et jamais ne s'éteint.
D'entre ce fin tracé, rupestres hiéroglyphes,

L'Avenir est passé

Un onirique éclat semble luire, soudain.
Sans pensées, le voilà tel pris entre les griffes,
Ainsi qu'en un face-à-face embrumé mais trouble,
D'une sylve immémoriale où le suit son double.
Et l'imagination, comme en un jardin,
Se promène parmi les âges, les idées,
Avec tous les philosophes, à chaque instant,
Ou dans la profondeur d'une œuvre d'art, marchant,
Qui semble la structure d'une symphonie
Où le rêveur se joue, mutation infinie.
Tel un serpent sage ou, qui s'ébat, le dauphin,
L'esprit se réjouit des merveilles opposées !
Un florilège étrange et exotique abonde
Entre les siècles et les lieux du vaste Monde !
La psyché papillonne à chaque fleur féconde,
S'étonnant de ses couleurs, et puis vagabonde.
Mais leur nectar amer, empli de nostalgie,
Brûle toujours son sein, jeune mélancolie.
Déesse portant le matin radieux, la rose
De sa verte enveloppe, se renverse, éclose,
Ainsi que le Delta sur l'omphalos repose.
En boucle du serpent d'argent, se rabattant,
Le taureau de Mithra retourne son cuir blanc.
De l'esprit s'incarne alors l'ultime élément,
Substance rectifiée du brut minerai
Dont la quintessence originelle s'extrait,
Comme une pierre d'or vers la terre pointant.
Plongeant vers l'Enfer, on choisit de s'incarner,
Ses racines prolongeant, pour se purifier.
Et, voletant çà et là, soudain, l'âme fond,
Dans la cellule enracinée, comme un faucon.
Les polarités enfouies d'astres chthoniens,
Par une cristallisation séculaire,
Attirent en les mauvais lieux les gens malsains.

L'Avenir est passé

Car il en est de même, abyssaux saints des saints,
Qui puisent leurs énergies au sein de la terre,
Des miracles, ainsi qu'en un jeu cellulaire,
Sources où affluent les foules des pèlerins.
Un sinueux pan pensant s'épand dans la tête
Comme un champ de maïs qui déploierait sa crête.
Sur l'autel des crânes, le sang s'écoule en flot,
Imbibant le terreau noir ainsi qu'un sanglot.
Le sarcophage du dormeur, soudain, se tourne
Vers la tour où les sorcières étaient brûlées.
L'âme, purifiée par le feu, sans fin s'enfourne
En des limbes potentiels, pensantes contrées.
Nature environnante, en volutes, se meut,
Arabesques d'or englobant le solitaire,
Le catafalque natal de l'intrus solaire
-Comme une lueur par l'interstice approfondie
Eclairant la nuée des bergers d'Arcadie.-
Dont du grand Tout et d'un rien la raison s'émeut.
Serpent sage ancien, mue le pèlerin pelé.
Le Dragon septénaire, enfin, s'est éveillé !
D'un tableau l'effet d'optique, à l'angle du mur,
S'ouvre comme une porte sumérienne à Ur,
Pénétrant ainsi qu'en un monde parallèle,
Licorne de Dali, géométrie nouvelle.
Et le moudhif flambant s'ouvre tel un Dāleth,
Attisé par l'Azif d'un songe de Derleth.
Les faits arrivent toujours dans les mêmes lieux,
Car ils se reproduisent. L'incarné revient
A chaque fois, tel un corps qui se construit
D'une structure mentale ainsi qu'un fruit.
S'éveillant soudain, sénile comme un vieux,
Le nouveau-né recherche un souvenir ancien.
Sanctuaires futurs de cités enfouies,
Se réveillent tout à coup les technologies.

L'Avenir est passé

Et des mécanismes d'orichalque et d'airain
Se meuvent à nouveau du fond d'un songe antique.
Le passé s'approfondit comme une racine
De l'avenir immémorial qui se devine
Et peu à peu vers sa genèse se complique.
Sans cesse, s'embranchent les aspects du destin,
Multipliant l'origine de leur de leur déclin.
Wotan attend sur le champ de putréfaction,
Ses deux corbeaux familiers sur les épaules.
Le volatile noir dans le carnage fond,
Surnageant tel un peuple de mouches aux saules
Sur un lac sanglant où la vie se reproduit.
Et l'opération occulte s'accomplit.
Que luise à l'orient le flambeau le plus pur
Du rouge au blanc, vers le bleu rejoignant l'obscur.
Non celui du mensonge infectant la cité,
Mais la séculière envie de la clarté !
Nulle philosophie ne se transcende en soi.
La tradition séculaire évolue sa loi
Tel un serpent qui mue et, sagesse, s'accroît.
La vierge lunaire caresse son lapin ;
Le petit animal inviolé clapit.
Sur le croissant de sa barque, elle resplendit
Dessous la voûte étoilée, rose du matin.
Son cœur d'argent par les sept épées transpercé,
Des douleurs, se retourne, pentacle inversé.
Glapit la goétie d'un démon enfantin,
Rêve où l'araignée pique son torse enflammé
Battant comme le papillon de la psyché.
Les maçons de l'Œuvre Notre-Dame ont parlé
Le langage muet des gestes lapidaires.
Semblent se mouvoir les gargouilles, et les pierres
Racontent une immémoriale humanité.
Au coin d'un temple occulte au pavé rouge et noir,

L'Avenir est passé

Puits en spirale d'or semblant un couloir,
Caverne où le bleu nuit pénètre dans le roc,
Telle une herse, arde la bouche de Moloch.
S'assemblent ainsi que des lieux superposés
Les damiers de salles chthoniennes, étagés.
Car l'arbre métamorphosé croît vers son centre
Quand l'innocent sacrifié passe par son ventre
Comme en le brasier d'un mandala flamboyant
Des splendeurs infernales au soleil levant
Au fond de la lumière, faucon pénétrant,
Aux oudjats latéraux de l'éblouissement.
Déluge de feu sur la colonie atlante,
Crache ses dix plaies, le volcan de Santorin.
Et la céleste Egypte essuiera son déclin
Comme si des astres avait changé la pente.
Au bord du Nil sanglant, retombe un batracien.
L'inspiré, possédé ainsi qu'un androgyne
Des souvenirs futurs d'un ailleurs imagine.
Des lieux d'un songe infiniment ancien,
La nostalgie des signes primordiaux revient.
L'humain comme un bloc d'argile sentant sa claque,
A droite, à gauche, se forme, sanglant, et craque.
Œuvre reproduisant un mythe alphabétique,
S'unissent les couleurs des métaux en musique
Ainsi que les lueurs d'une harmonie cosmique
Où plonge, subjectif, un esprit mimétique,
A chaque instant d'existence dont il se mire
Et l'Univers semblant un être seul, respire.
Géométrie des corps, se répond, infinie,
La complexité de l'unique, approfondie.
Choc de la naissance, on passe par un tunnel
Etroitement s'ouvrant vers la grande lumière.
Tâtonnant sans fin vers la conscience première,
De la nouvelle mort rentre dans soi l'appel.

L'Avenir est passé

Le Soleil, Phrygien chevauchant, tue le Taureau,
Comme un Poisson sacrificiel miré dans l'eau.
L'horloge astronomique a tourné, s'inclinant
Telle une toupie sphérique un monde englobant
Des influences de ses constellations
Scintillant en nuages subtils d'électrons.
L'ange gardien, d'angoisse, avatar, c'est soi-même,
Connecté par embranchements aux autres âmes,
Remontant la hiérarchie comme des cordons
Ou les gorges entrelacées des deux Dragons,
Emergés des eaux et du ciel ensanglanté.
Quant à l'autre, qu'il aille se décomposer
Comme un python apollonien victorieux
Qui mue et renaît, tel un soleil radieux,
Renouvelé par ses introspectives flammes
Ainsi qu'un reptile bicéphale qui s'aime.
Les dix esprits sont en sept âmes animés,
Têtes de l'Hydre rousse, en les corps incarnés,
Compte précis d'une apocalypse éternelle
Dont le tiers est déchu, rédemption charnelle.
Le feu descend tel un Delta s'irradiant,
Par ses célestes proportions s'inversant
Comme une étoile dans le matin, flamboyant.
C'est la polarité qui régit notre corps.
Voici pourquoi il se retourne quand tu dors.
De la grotte à Margate, souterrain sanctuaire,
Aux galeries luisantes de coquillages,
Eclairées d'un flambeau, d'ogives aux passages,
Révélant les couleurs de leurs géométries
Variant des signes aux formes infinies,
Puise ses énergies du ventre de la Terre,
La caverne recouverte de minuscules
Escargots qui scintillent en pluies de spirules.
D'un puits de lumière, le dôme ébloui

L'Avenir est passé

Ressemble à un clocher éclatant enfoui.
Par un couloir circulaire, le parcours suit
La course astronomique jusqu'au temple ancien,
Face à la niche d'un petit autel chthonien
Nacré comme d'un arc-en-ciel de perle huileux,
Résonnent dans le roc de sous-marins mystères,
Porte du rêve encor dans le nom de ces lieux.
C'est par la négation que l'on atteint l'essence.
Un amour si grand qu'il nie son objet. Contraires
Unis, gnose, à ma noce jamais je ne danse,
Ni ne goûte au vin du fruit tant désiré.
De l'origine le destin est achevé,
Remontant toujours vers l'autre finalité.
Les Trois Rois d'Orion s'alignent avec Sirius,
Flamboyant, telle une émeraude de Vénus,
Puis le Soleil invaincu meurt pendant trois jours,
Visitant les Enfers intérieurs, Croix du Sud.
Et le Serpent apollonien renaît, amours
D'ombres superposées d'un *cercle indien*, quand Sud,
Dame du vent sumérienne, enfante un fils
Posé sur ses genoux tel un faucon d'Isis.
Serpente au Déluge de son double viril,
Le souffle de l'esprit d'un partage d'Enlil.
De couleurs, retentit le mélodieux chant
D'Amduscias, Phœnix au buste de jeune enfant,
Ainsi que d'un Ange androgyne s'élevant.
Par un éclair soudain, le regard se découvre
Devant le miroir de l'autre de soi, qui s'ouvre.
L'errant pénètre en l'antre du profanateur
De sa propre âme, ombre en pique enflammant son cœur.
Et se poursuit treize fois ce château de lames
En quatre ordres égyptiens dont se jouent les flammes.
Le réel, trouble reflet de la vérité,
Se croit l'unique en chaque vivante entité.

L'Avenir est passé

De matière animée, nous sommes le miroir
Où s'ordonne l'ombre infinie du Chaos noir
Qu'éclaire le flambeau neuf de la Connaissance,
De la conscience, perpétuelle naissance.
L'unité du Cosmos croît en chacun des êtres,
Antennes dont les yeux sont autant de fenêtres,
Evoluant tel un gigantesque cerveau.
De l'Univers en tout atome éclot l'écho.
Mais à l'heure où, les doigts plaqués contre la glace,
La main touche enfin son double obscur face à face,
Le Monde se détruit, nouveau cycle en spire
Où la globalité des galaxies respire.
Le chien errant fouille à l'aube les tombeaux,
Semblant enragé près d'un sauvage buisson
Où s'abîme la rose du cynorrhodon
Et retombe la rosée de ses fins réseaux.
Sept âmes inspirées par dix esprits soufflant
Ainsi que les cornes, sur l'eau, des deux Dragons
Par l'océan primordial se reflétant,
Telle une hydre apocalyptique s'enroulant,
Se reproduit comme en spire un événement,
Mal superposé au fil des générations.
L'Univers approfondit sa conscience en l'Homme,
A chaque instant, en chacun de nous qui se nomme,
Additionnant les nombres de son algorithme
Où le Cosmos, comme un cœur, respire à son rythme.
Fils lion, l'invaincu revient sous une autre forme,
Mort trois jours avant de renaître des entrailles
De la terre où Bacchus célébrait ses ripailles,
Quand l'astre éclatait, invisible au cruciforme
Triangle nocturne, ainsi qu'une ankh encor mirant
Son œil céleste, éclaté tel un pain vivant.
L'âme se fond comme un faucon, vers d'autres mondes,
Ou parfois, une époque, un lieu, nostalgique ;

L'Avenir est passé

Et papillonnent les orbites vagabondes,
La conscience plongeant en son flux concentrique.
La brume paraît fumer d'entre la dentelle
De la flèche ainsi que d'un encensoir de grès,
Des monts verts d'ombres, des maisons dont la peau pèle,
Surgie sur de sombres nuages semblant près.
Mais, message subtil, quand retombe la nuit,
Le pic arachnéen, géométrique, luit.
Nombre au nom d'Abraxas imparfait de l'année,
Du pentacle ouvert de Vénus infime faille,
Iota de la Loi, finitude infinie,
La porte de la Connaissance s'entrebâille,
Des perceptions inexactes illuminée,
Car le Diable est dans les détails, nature innée,
Divisant l'unique afin qu'il puisse s'accroître
Comme un ouroboros à la chaîne brisée.
Ainsi chaque être se divinise en le cloître
Génétique où vit cet insondable génie.
Enki, le Serpent créateur, donne la science,
A l'Homme abandonné, primate sans souffrance,
Afin d'évoluer vers plus de conscience,
Découvrant le secret de la reproduction.
Mais le flambeau nocturne de la passion
Dissipe, mystérieux, des Faunes la raison.
Au clair de lune, à travers la fumée de pipe,
Semble, brumeuse, éclore une forêt féerique
Où fleurit, coqueret, ainsi qu'une tulipe,
Chaque fleur lumineuse en teintes de musique.
Et ce parfum boisé d'aspérule, odorantes,
Respire en un murmure en clochettes vivantes.
Mais la Mère araignée veille en un cauchemar
Enfantin qu'explore, inconscient, son avatar,
En d'autres temps et d'autres lieux par delà
Les futurs originels déstructurant la

L'Avenir est passé

Géométrie conventionnelle, en digamma,
Double, inversant, porte de l'esprit, son Delta.
Le sabot du cheval, incrusté dans la roche
Comme si Jupiter Anguipède y avait
Atterri, récolte le soleil au solstice,
S'ouvrant vers la lumière tel un calice,
Ainsi que le porte-bonheur que l'on accroche.
Ne le suspend jamais à l'envers, qui le sait.
Le noctambule a soudain les yeux qui verdissent.
-Au loin, le corps couvert de plaies, à longues dents,
Eurynome envoie son chien-loup noir par les vents.-
D'une ruelle au coin, ses membres se raidissent.
Archétype ancien, le temple salomonique
Reproduit par neuf la proportion cosmique,
Additionnant les chiffres de sa longueur,
Tel un œuf philosophique dans l'athanor.
Or, le parcours commence toujours par le nord.
Au fond, radieux, Lumière assombrit son porteur.
Le Dragon flamboyant, ses sept têtes distord,
A dix cornes adamantines, putréfiant
La matière de son souffle purifiant.
Le démon tutélaire, en synchronicité,
Envoie des signes à son protégé maudit.
Au bord des chemins cueillant la chance à crédit.
L'élu s'en va, tout heureux de sa pauvreté.
Une feuille morte, un oiseau, l'ombre, au passage,
Une paire de ciseaux, tout est un message.
Croit en sa télékinésie, l'obsession,
Repoussant le sol jusqu'en lévitation,
Par l'énergie des esprits créant l'illusion
De sa puissance où l'égrégore s'accroche.
D'un trou d'eau bouillonnant dans un creux de la roche
Du ruisseau forestier, petite caverne,
Le rêveur voyage en des époques, des mondes

L'Avenir est passé
27

Et des lieux dont le réel affleure, tout proche.
Ainsi qu'en les niveau d'un concentrique cerne,
L'incarné fuit des créatures vagabondes
De contrées féeriques et de limbes immondes.
L'oiseau migrateur, quand le soleil au plus haut
S'immobilise, apporte au bec le nouveau-né,
Hyménée propice, *Hochzeit wo man vögelte*
Au solstice, cigogne aux virages astraux.
Ainsi se succèdent, visages animaux,
L'ordre des métempsycoses héréditaires,
Voire encore peut-être incarnés sur d'autres Terres.
Rites souterrains de serpents humanoïdes,
La course du Cosmos reproduit son écho
Dans le sein résonnant de temples ovoïdes,
Microcosme clos d'un universel cerveau.
Les Hommes-fourmis entraînent dans leur refuge
Caverneux les victimes perdues du Déluge.
Au coin de la mansarde ou rampant au plafond,
Parfois dans l'horloge ou l'armoire, tout au fond,
Grinçait une ombre, créature lucifuge,
Comme une araignée dans un grenier, dont les yeux
Poussiéreux rougeoient d'un hurlement silencieux.
Dans les lieux abandonnés, Hermès Strophaïos
Siffle aux gonds des portes. Et mondes du Chaos,
Dans les zones désaffectées, s'ouvre le rêve
De couloirs ténébreux que sa vision crève.
Sous un pont, un abri de jardin délabré,
Qui s'enfoncent, tels des souterrains, la clarté
Ne pénètre jamais, et grouille un peuple étrange
De souvenirs spectraux que rien ne dérange.
Figures du tarot, gravures alchimiques
Animent leurs réalités allégoriques.
La mandragore s'insinue dans les tissus
Ainsi que dans les nerfs un sinueux réseau

Tissant ses ramifications du cerveau
Dans tout le corps, se nourrissant d'espoirs perdus.
Des trous de ver saturniens voyageur orphique
Ayant déchiré sa chair initiatique,
L'agneau devient cornu, le serpent mue dragon,
Seconde parousie du Faune fauve au Lion,
D'un précédent avatar, Lucifer christique,
De Vénus né dans la Vierge en conjonction
De l'ère des Poissons réincarnation
Qui fut Mithra, siècles en Taureau, croissant d'or,
Par une éclipse des deux astres primitifs,
Comme le creuset ardent couronnant Hathor,
Mère de l'esprit revenant tel un faucon.
Et l'Univers explore son introspection
A travers l'infini des regards subjectifs
Pareil à un vaste déploiement de racines.
Le scintillants Cosmos ressemble à une toile
De neurones qui se croisent en chaque étoile.
Le miroir ovale est un œil vers une ancêtre,
Regard permanent ouvert par cette fenêtre.
L'un et l'autre se voient passer en va-et-vient,
Observant les gestes banals du quotidien.
Une conscience peut aller par tous les temps
Passés et à venir, en tous les lieux, entre les plans.
La fée déployant ses ailes végétales,
Coquecigrue cruelle, enlace de ses sorts
L'essor d'un cœur en ses étreintes glaciales,
Envol déchiré par la nymphose d'un corps.
L'amitié éclatante se serre la main !
Se repousse, embrassé, le courant d'air malsain.
Le myste crée le naos sylvestre des thiases
Où s'aventurent les méditations d'extases
Ainsi qu'un abyme d'arabesques florales
Aux parfums enivrants de ses langueurs fatales.

L'Avenir est passé

La fée changeait de couleur afin d'exprimer
Ses sentiments et me séduire à volonté.
Semblant un être des abysses incarné,
Chatoyait l'avatar entre réalité.
Un rêve bleu nuit s'avance vers l'Orient
D'un temple d'Astarté dans son aube de sang.
Resplendit de Vénus l'astre éclos au levant,
Telle une rose aux cinq pétales s'inversant.
Le secret de luxure initiant Adam,
Comme une pomme étoilée tranchée par sa dent,
S'insinue, fécondation, ainsi qu'un serpent.
Le cobra dressé crache au centre de la Muse.
Ce sont des fleurs qui mentent sur leur origine.
Le cœur se fronce comme à de l'encre de Chine
Imbibé, qui se fronce, à l'envers de sa ruse.
Le « spécisme » était nommé jadis humanisme.
J'aime les arbres, les forêts, les animaux.
Restons altruistes même par pur pessimisme.
Mettons les précieux face aux besoins primordiaux !
Jamais par hasard n'advient la coïncidence,
Comme un juron flatteur qui attire la chance.
Car le réel n'est que le fond de notre esprit
Que l'on peut explorer vers l'unique infini.
Voyages profonds au-delà de la conscience,
Vivre parmi les divers plans de l'existence.
L'événement dépend de son sens ressenti,
Où la cohérence causale se construit.
Je puis être en un temple ou dans la forêt vierge,
En un lieu puissant d'antiques monolithes,
Ou dans un village aux Cathares troglodytes,
Sur une île qu'un cataclysme ancien submerge,
D'un chemin, plus loin que le détour oublié,
Dans un terrain vague ou l'entrée d'un autre monde
Qui s'imagine en un tunnel désaffecté.

L'Avenir est passé

Entre les temps, tels des lieux, l'âme vagabonde.
Parmi les mégalithes où surnage à peine
La brume, un druide en robe blanche observe au ciel
L'astre renaissant et la lune souveraine,
Par des calculs perçant le grand cycle éternel
A peine imparfait. Renaît la vie invincible
Et gire un flux de constellations, invisible,
Comme l'étoile de Vénus mise en abyme
En une spirale d'or, flamboyant, sublime.
Sur un antique chêne, resté silencieux,
Soudain, s'envole un corbeau, messager des dieux.
Et se nourrit, germes de la putréfaction,
Au printemps, la nouvelle génération
Comme une perpétuelle éjaculation.
Du fond de la savane ou de l'ivrognerie,
Une mère est toujours une Vierge Marie.
Il faut toujours un fou pour fausser la pensée
Afin de l'ajuster, tel un pentacle ouvert.
L'édifice incendié cache un dieu jaune clair,
Baphomet que révère un pauvre chevalier.
Le travail se contient dans la pierre taillée.
Du fond rouge sang du Temple luit Astarté,
Dont Lucifer fut Mère de la volupté.
Du matin flamboie l'étoile comme une aura
Annonçant la victoire d'Ahura-Mazda,
Lumière éclatante dissipant la nuit
Lucifuge qui se chiffonne et s'enfuit,
Figure obscure d'un mouvant origami.
Au fond d'une barque, enrobés en flammes vertes,
Dont monte un fin filet d'aspérule odorant,
Tout au bout d'un ponton du vieux port grinçant,
Les petits anciens fument, jouant, d'orbes inertes,
Un jeu magique étincelant de lueurs douces
Saupoudrant l'eau nocturne à ses lentes secousses.

L'Avenir est passé

Dans la vitrine inaccessible d'un musée
De Manchester, serpentine, presque oubliée,
Tourne imperceptiblement une statuette
D'Osiris, suivant des astres la loi secrète.
Sur la table chez moi, un petit bonze en terre
Se déplace souvent quand je ne suis pas là.
Je me souviens, en Bourgogne, du mystère
D'objets se promenant dans une chambre ancienne,
-D'une guinguette, la joie, des filles la peine…-
Pendant la nuit, me réveillant, tombant à plat.
La véritable perception du vivant,
Entre les temps, progresse en se décomposant.
Potentiel allant jusqu'à se diviniser,
Maîtrisant son destin d'un lointain avenir,
Le témoin secret doit jouir avant d'obtenir.
C'est la fécondation de la réalité.
Tout au fond de la crypte de la cathédrale
Notre-Dame à Strasbourg, affleure un lac rupestre.
Parmi les gaz d'une émanation tombale,
Flottent des monstres et démons dont l'art séquestre
L'intrus descendu sous son arc par un puits vert
De la margelle sous la fontaine du Cerf.
Dans les temps anciens, certains en remontèrent
Devenus fous tant leurs visions les tourmentèrent.
Mais par un qui ne fut victime de ces transes,
Je sais une autre entrée, sous le vieux sanctuaire.
On ne bâtit qu'un clocher, prétextant finances ;
L'édifice aurait pu s'effondrer sous la terre.
Dans une cathédrale au sommet incendié,
Enfer de dentelles de flammes dévoré,
Je me souviens d'un petit vitrail enchâssé
Où, devant un Baphomet jaune, un chevalier
S'agenouille et, pauvre royal, semble prier.
Les égrégores construisent les réels,

L'Avenir est passé

Cosmogonies en univers spirituels.
Il suffit de vouloir et de jouir avant.
La pensée se construit en se manifestant.
La Vierge fut fécondée par un incube,
Du rite ancien l'hymen fut percé par un tube.
Yahweh, avatar de Baal, s'est incarné.
Quand les Babyloniens brisèrent le flacon
Où sommeillait Bélial ainsi que sa légion,
S'évapora le charme du roi Salomon.
Ouvrage savant comme un lys damasquiné
En une sphère sur lui-même retourné,
Paracelse avait dans le pommeau de l'épée
Un petit démon qu'il avait emprisonné.
Le sage souverain, la formule oubliée
Aux plus grands initiés seuls, avait donnée.
Le Grand Pan jouit de ses hurlements de syrinx,
Comme une double voix au fond de son larynx.
La pauvre nymphe déchiquetée agonise,
Tel son supplice en l'Univers, qui s'éternise.
Et je repense enfin à de fières musiques
Parsemées de discrets tintements asiatiques.
Voici le paradoxe des opéras russes,
Aussi la *Moldau*, les processions des prépuces.
Un grand front s'élève, signe d'intelligence.
La raison se marie, insinuant la transe.
Les sources sacrées gallo-romaines à Lourdes
Puisent des énergies telluriques lourdes.
L'œil s'ouvre dans le cœur, comme s'il l'espérait.
Ce n'est pas une inspiration, mais un secret.
D'un court moment, une âme s'incarne en un sphinx,
Voletant, parmi les époques, transporté,
Donne une information, puis repart du pharynx.
Enfant de la Terre et du Ciel étoilé,
Renaît, ravivant son cœur, le voyageur né.

L'Avenir est passé

Perséphone, aimable fille de Déméter,
La putréfaction chauffant comme un Enfer,
Fait mûrir la semence de toutes les plantes,
Qui tendent leurs bras verts en extases vivantes.
O thiases fleuries des mystères bachiques,
Je me souviens de formules mimétiques !
Le talisman secret circule en son télesme,
D'infime origine, répercutant le même.
Clairvoyance universelle des époptes,
Transparaît le sens des anciens gestes coptes.
Les sens ont repris ce souffle de la douceur,
Dans les profondeurs de l'âme, qu'est la douleur.
Le paon fait sa roue dans la cornue alchimique,
Comme l'éclat des couleurs d'un Ange yézide,
Arc-en-ciel clos éclatant et translucide
Juste avant sa seconde mort, brève panique.
Mais le Phœnix renaît, germe rougeoyant,
Dont se ravivera l'or, se purifiant.
Le vent des herbes parle un chant immémorial,
Que le feuillage ébruite en féerie fatale.
Des reculs de notre périsprit prénatal,
Se lève soudain une déesse si pâle.
Au fond de ma pipe apparaît un doux visage.
Se remémore la conscience sans âge.
La personnalité de chacun correspond,
A la naissance, à son goétique démon.
Et c'était d'eux, fond neuf,
Que l'année se divise ainsi que dans un œuf,
Miroitant les cieux angéliques, de l'abyme,
Calcul secret renversé d'un nombre sublime.
Je suis comme un dipneuste en un mur sommeillant,
Ce poisson rampeur qui se momifie vivant.
Astarté devenue Aïcha aux pieds de bouc
Erre, adorable, près des abattoirs du souk.

L'Avenir est passé

Aphrodite Epitragia, son astre, Vénus,
En Lucifer lève son flambeau, Phosphorus.
Cinq lumières sont le pentacle aux longues dents,
Deviné dans les rites de rêves troublants.
Se trace la disposition des Orients.
Les grandes mains d'un if caressent doucement
L'angoisse émerveillée, au rythme du vent.
C'est le symbole obscur des possibilités
Qui s'amplifie dans ses rameaux empoisonnés.
La nymphe coule en ses cheveux verts, de l'armoise,
Ainsi qu'émergeant, une sirène gauloise.
Elie est revenu, c'est l'éternel retour,
Horus et Mithra sont retournés aux Enfers.
Et le Livre de Thot se rejoue tour à tour .
En spire, or, du réel, se déroule à l'envers.
En rêve : je vais m'écraser sure une étoile.
Quand les temps sont venus, Isis lève son voile.
En la vie de chaque être infime inachevé,
Introspection, laisser l'Univers respirer.

Édition : Books on Demand,
12/14 rond-Point des Champs-Elysées, 75008 Paris
Impression : BoD - Books on Demand, Norderstedt, Allemagne
ISBN : 9782322219094
Dépôt légal : Avril 2021

L'Avenir est passé